Leander Suckfüll

Gedankenlos

Sehnsucht nach Leben

Gedichte

©Leander Suckfüll 2001
Gedankenlos - Sehnsucht nach Leben: Gedichte
Alle Rechte vorbehalten

Umschaggestaltung: 123-webdesign
Printed in Germany
Herstellung: Books on Demand GmbH
ISBN 3-8311-2970-3

2

Immer unterwegs
immer ohne festen Weg
immer DICH als Ziel
immer aber nur
MICH selbst gefunden

Leander Suckfüll

I n h a l t:

I. Glücksmomente

II. Lichtschatten

III. Wortwechsel

IV. Tiefpunkte

I. Glücksmomente

Schreiben

Ich wühle
in meinen Gedanken
und Gefühlen
grabe Wörter aus
nehme sie in den Mund
kaue genüsslich
spreche sie aus
kitzle mit der Zunge
jeden Buchstaben
schlucke sie hinunter
wo sie in meiner Blutbahn
Einlass finden
Das weiße Blatt Papier
vor Augen
wandelt sich
in meine heimliche Geliebte
Ich nehm' den Stift
bedächtig in die Hand
er wird ein Teil von mir
mein Blut strömt in die Spitze

Ganz sanft - ganz zart
setz' ich sie an
und lass' es fließen
Behutsam
Wort für Wort
Zeile für Zeile
bedecke ich
gleichsam wie mit Küssen
das weiße Blatt Papier
meine heimliche Geliebte
Geduldig saugt sie alles auf
was ich ihr gebe

Dein Lachen

Ich liebe es
dein Lachen
es ist so hemmungslos
direkt und klar
geradeso
als wärst du
noch ein Kind
Die Augen leuchten
voller Kraft
den Schalk dahinter
kann ich förmlich sehen
Und klingt's auch
noch so abgedroschen
in meinen Ohren ist es
schöner als Musik
Es wärmt mich an
manch kalten Tagen
es steckt mich an
selbst wenn ich
der Anlass bin
Ich liebe es
dein Lachen
hoffe es bleibt dir
lange so erhalten
es ist ein kleines Stück
von meinem Glück

Weißt du noch?

Weißt du noch
wie nervös ich war
als ich dir
zum ersten Male
nahe kam?

Weißt du noch
wie unsere Körper
zum ersten Male
im Takt der Liebe
die gleiche Melodie
erklingen ließen?

Weißt du noch
wie oft wir
schon gemeinsam
vor Glück bebten
und lustvoll
dann erglühten?

Weißt du -
eigentlich wollte ich
dir nur sagen
wie sehr ich dich
noch immer liebe
wie sehr ich dich
missen würde!

Mich finden...

Die Arme öffnen
und die Herzen...

Mich vergessen
und an dich denken...

Dich halten
und deine Liebe...

Die Kleider abwerfen
und die alten Ängste...

Mich fallen lassen
und wieder finden... bei dir!

Süßes Gift

Liebe
dieses süße Gift
das erst das Herz
und dann
den ganzen Körper
frißt

Und sei's auch
noch so kurz
dies überm Boden schweben
ganz ohne dies Gefühl
es wär' ein Witz
das bisschen Leben

Unsichtbare Liebe

Liebe
hat viele Wörter
viele Gesichter
Die schönste Form
braucht keinen Namen
Du
kannst sie fühlen
sie ist einfach da
und bleibt doch
meist unsichtbar

Seiltanz

Zwischen unseren Augen
schwebt ein unsichtbares Band
ist dieses dünne Seil gespannt
Unsere Blicke
tanzen - huschen
funkelnd hin und her

Ohne Netz
und doppeltem Boden
drohe ich gleich
in deine Augen zu stürzen

Bin doch schon
in ihrem Sog gefangen
mit Wonne
ihnen ganz verfallen

Danke

Bleib noch eine Weile
an meiner Seite liegen
leg deine zarten Hände
auf meine feuchte Haut
streichle mir die wunde Seele

Hab keine Angst
ich will dich nicht
für immer halten

will nur noch
einen süßen Moment lang
deine Nähe und Wärme spüren

Ich weiß
du wirst mich gleich verlassen
haben wir uns doch nie
ewige Liebe geschworen

Trotzdem möchte ich dir danken
für diese Stunde
dieses Glücksgefühl...

Liebe nicht nur zu empfangen
sondern ohne falsche Scham
und ohne Angst zu schenken!

Erwachen...

Zart
ganz zart
Mund an Mund
Haut an Haut
Pore an Pore
tief in dir
du in mir
möcht' ich
schlafen mit dir
und am nächsten Morgen
dann erwachen...
neben dir

Drahtseilakt

Die Liebe
ein gefährlicher
Drahtseilakt

Wobei ein
Akt auf dem Drahtseil
durchaus seine Reize hat

Dein erster Atemzug

Ich seh' zuerst dein feuchtes Haar
dann rückt dein ganzer Körper nach
Glitschig mit geschlossenen Augen
plumpst du in die Welt
Dein erster Schrei klingt mehr
wie das Krächzen eines Hahns

Ich nehm' dich sanft in meine Arme
streck' dir den kleinen Finger hin
Du greifst ihn mit der ganzen Hand
vertraust mir blind
Ich wein' vor Glück
könnt' dich ewig halten
dich ewig so betrachten

Ich weiß... nicht mehr lange
- was sind schon Jahre? -
machst du die ersten Schritte
Von da an geht's mit Riesensprüngen
in dein eigenes Leben
entfernst dich Stück für Stück von mir

Die erste Liebe
die ersten Schmerzen
Glück Trauer Hoffnung...
werden dich begleiten
Ob du mich siehst ob nicht
ich werde immer an dich denken!

Wenn du mich brauchst
wenn du mich rufst
egal von welchem Ort
egal was du auch tust
ich werde immer für dich da sein
wenn nötig für dich kämpfen!

Wie viele...

Wie viele Worte
müssen wir sprechen
um uns stumm zu verstehen?

Wie viele Seiten
müssen wir voneinander sehen
um uns blind zu erkennen?

Wie oft
müssen wir uns berühren
bis sich unsere Körper vertrauen?

Wie viele Küsse
müssen wir uns geben
um uns einzugestehen...

dass wir uns lieben!

Der passende Schlüssel

Du stehst
vor meinem Herzen
probierst
tausend Schlüssel
um durch die Türe
zu gelangen
Mach' es dir doch
nicht so schwer
Du musst die Klinke
nur nach unten drücken
mein Herz war für dich
noch nie verschlossen

Ich stehe dahinter
...und erwarte dich
mit offenen Armen!

Ganz nah bei Dir

Ganz nah bei dir
Wann bin ich das eigentlich?
Wenn ich neben dir liege
dich im Arm halte
neben dir schlafe?

Oder

wenn ich weit weg von dir
an dich denke
in Gedanken neben dir liege
dich berühre
und dabei still lächle?

Dieb in der Nacht

Du
hast mir den Verstand geraubt
hast mein Herz an Dich gerissen

Nein -
das klingt mir alles viel zu sehr
nach Sturmgewalt -

Du
hast auf deine
ganz besondere zarte Art
wie ein Dieb in der Nacht
still und leise
mein Herz
in deine Hand gebracht

Schamlos

Küssen

Dich küssen

Dich
am ganzen Körper
Küssen

Dich
und deine Scham
Berühren

Dich
und deine Schamlippen
schamlos küssen

Warum schämen
dich
und deine Lippen
begierig zu küssen

Küsst
du doch
auch völlig schamlos
mich

Eigenartig

Eigenartig
ich vermisse dich schon
obwohl du gerade neben mir liegst

Eigenartig
ich kann dich berühren
und mein Glück noch nicht fassen

Eigenartig
ich glaube ich liebe dich
hab' wohl nur Angst dich zu verliern

Diesen Moment

Diesen Moment
als wir uns zum ersten male öffneten
einer dem anderen

Diesen Moment
als wir uns füllten
mit Worten und Zärtlichkeiten

Diesen Moment
als wir die Oberfläche verließen
unsere Tiefen zu erforschen

Diesen Moment
als unsere Blicke
mehr sagten als Worte

Diesen Moment
als unsere Herzen und Körper
den gleichen Rhythmus fanden

Diesen Moment
als wir mit gierigen Küssen
das Unausweichliche taten

Diesen Moment
als wir erschöpft und glücklich
zurück aufs Laken sanken

Diesen Moment
werde ich für ewig
in Erinnerung behalten!

Sommernachtstraum

Eine laue Sommernacht
der Mond scheint helle

Über uns der Himmel
unter uns das Gras

Wir beide ganz alleine
nur Grillen zirpen eine Liebesweise

Unsere Finger wandern lustvoll
über unsere erwartungsvollen Körper

Du öffnest langsam deine Pforte
ich bin bereit sie zu durchschreiten

Eine leichte Brise
kühlt unsere erhitzten Leiber

Die Sterne zwinkern
verschämt zu uns herab

Eine Welle der Ekstase
hat uns beide jetzt gepackt

Als Dank schicken wir Liebesseufzer
in diese traumhafte Sommernacht

Kleines Lächeln

Ein kleines Lächeln
im Vorübergehen
zugeworfen
das mich streifte
und dennoch
mein Herz erreichte

Es ändert
nicht viel
an meinem Tag
noch weniger
am Lauf der Dinge
auf unserem Planeten

Doch während
ich daran denke
muss ich
unwillkürlich
lächeln

Ich werde
dieses Lächeln
noch heute
weiter verschenken

Ich rufe dir zu

Ich schick' meine Gedanken
hinauf zu den Wolken
bitte den Wind
sie zu dir zu tragen

Meine Lippen formen
die allseits bekannten Worte
Ich wiederhole sie
wie eine Zauberformel

Spürst du schon Regentropfen
auf deiner Haut
ich berühre dich sanft
mit meinen Tränen

Hörst du im Windhauch
dieses leise Flüstern
erkennst du meine Stimme?
Ich rufe dir von ferne zu

...Ich liebe dich!

Wurzeln schlagen

Komm
lass uns Wurzeln schlagen

erst
in unseren Herzen

dann
in unseren Köpfen

zum Schluss
in deinem Schoß.

So verwurzelt
lass uns wachsen

...solange unsere Liebe lebt

Gedankenlos

Gedankenlos
losgelöst
von Raum
und Zeit
schwitzend
mit dir
vereint

Gedankenlos
mein Geschlecht
pulsierend
in deinem
Liebeskrater
eingetaucht

Gedankenlos
jetzt eins
im brodelnden
Vulkan

Gedankenlos
glückselig lächelnd
dem Höhepunkt
entgegen schweben

Gedankenlos
gemeinsam
fallen lassen
uns in den
Armen haltend

dann erwachen

II. Lichtschatten

Sehnsucht nach Leben

In deinem Frausein
deinem Menschsein
schwer gedemütigt
unsicher und verletzt
ziehst du dich
zurück vom Leben
sperrst dich
in deinem Innern ein

Angst und Selbsthass
leisten dir Gesellschaft
bewachen deine Hoffnung
deine Träume
lassen kein Licht mehr
zu dir hinein

Nur in unachtsamen Momenten
schleicht sich
- Sehnsucht -
in deine gut bewachte Festung
pflanzt ihre Triebe bei dir ein

Ich hoffe
sie wird wachsen
eines Tages stark genug sein
deine Wächter zu vertreiben
Dann fallen die Mauern
zwischen dir und deiner Liebe
dann zieht das Leben
wieder bei dir ein!

Nicht nur...

Nicht nur trauern
um verpasste Möglichkeiten

Nicht nur träumen
von der Vergangenheit

Nicht nur bedauern
die verlorene Liebe

Den Blick nach vorne richten
und nicht nur zurück

Die Augen offen halten
um zu sehen was vor dir liegt...

um die neuen Chancen
zu ergreifen!

Nur

Nur wer die Dunkelheit kennt
weiß das Licht zu schätzen

Nur wer hinfällt
kann auch aufstehen

Nur wer Vergangenheit bewältigt
hat eine Zukunft

Nur wer den Abschied kennt
freut sich auf ein Wiedersehen

Nur wer nichts zu verlieren hat
kann wirklich etwas gewinnen

Nur wer dich nicht kennt
kann dich nicht lieben

Schön
dass ich dich kennen darf!

Ankommen

Meinen Weg
suchen

die alten Wege
verlassen

mich im Dickicht
verlaufen

verborgene Pfade
finden

über Steine
stolpern

mir selbst die Hand
reichen

mir auf die Füße
helfen

mich im Kreise
drehen

müde vorwärts
taumeln

nicht länger zurück
blicken

endlich bei mir
ankommen

Dennoch lebe ich

Meine Gedanken
meine Gefühle
wie Eisblumen auf Glas
- kalt und eingefroren -

Mein Herz
meine Seele
mit meinem Schatten
- eins geworden -

Dennoch lebe ich...

warte nur auf Wärme
warte nur auf Licht
erwarte geduldig

...Dich!

Dein Gesicht

Ich schau
in dein Gesicht
nein hübsch bist du
eigentlich nicht
Du hast schon Falten
Ränder um die Augen
das erste graue Haar

Wenn ich dich
so betrachte
wird mir klar
manchmal hass ich
manchmal lieb ich dich

Dein Gesicht
erzählt mir Geschichten
von deinen Freuden
deinen Qualen
von Siegen
und von Niederlagen

Du bist mir nun
so lange schon vertraut
ich kenne dich
wie keinen anderen Menschen
Du hattest es
mit mir nie leicht

Und dennoch
werd' ich mit dir leben
werd' ich mit dir sterben
egal wohin
die Zeit uns führt

Ich wende mich
vom Spiegel ab...
das Leben wartet
ein neuer Tag beginnt...

Erste Zeichen

Eine Schneeflocke
macht noch keinen Winter
eine Schwalbe
noch keinen Sommer
ein Kuss
noch keinen Liebesfrühling

Aber ich kann die Zeichen
des Wetterwechsels schon spüren

Angst vor...?

Eigenartig
früher hatte ich
immer Angst
vor Nähe und Liebe

Heute
habe ich Angst
deine Nähe
deine Liebe
zu verlieren

Eigenartig
wie sich Angst
verändert
Wovor ich mich
wohl morgen fürchte?

Einfach nur leben

Halten
sich halten
haltlos stürzen
nach unten
ins Bodenlose
wie ein Sturzbach
immer tiefer
um ganz unten
das Untereste
nach oben zu kehren

Sich strecken
nach dem Licht
greifen
nach den Sternen
versuchen
sie zu fassen
auch das Unfassbare
in dir selbst
um ohne Zweifel
einfach nur
zu leben...

Gefühlsbad

Untergehen
im See
meiner Tränen

Auftauchen
aus der
Erinnerung

Luft
schnappen
im Alltag

um in Träumen
wieder
zu versinken

Zu nahe?

Ikarus kam bei seinem
ersten Flug der Sonne
viel zu nahe
und stürzte in die Tiefe

Motten fliegen dem Licht
und dem Feuer zu nahe
verbrennen sich dabei

Kommt meine Liebe
dir zu nahe ?

Hoffnungsloser Fall

So oft im Leben
schon gefallen

und immer wieder
der Liebe nur verfallen

bis zum nächsten
tiefen Fall

Immer und ewig

Du liebst mich
für Immer und Ewig
Mir würde schon
Heute und Morgen genügen

Sah zu oft schon
wie schnell sich
die ewige Liebe
im Alltag verlor

Abschied

Der Tod
ist hier im Zimmer
Ich kann ihn deutlich
auf deinem Antlitz sehen...
Ich berühr' dich sanft
ich red' mit dir
versuch' dir deine Angst
zu lindern...

Deine Augen
sind geschlossen
Du atmest schwer
weiß nicht
ob du mich siehst
ob du mich hörst...

Ich sag' dir leise
hab' keine Angst
"Auf Wiedersehen"
obwohl ich gar nicht weis
ob wir uns jemals wieder
sehen...

Weiß nur
ich werde eines Tages
auf die gleiche Reise
gehen...

Hoffe still
dass meine letzten Worte
mein letztes Lächeln
dich noch
erreichen...

Warum fehlt mir der Mut?

Warum fehlt mir der Mut
dir direkt zu sagen
Ich liebe dich
wenn ich mir dessen
doch so sicher bin.

Ist es nur die Angst
du könntest lachen?
Oder ist meine Liebe
einfach nicht frei genug
mit einem Nein von dir
zu leben?

Vollmondnächte

Du warst für mich
wie der Vollmond
Immer wenn du auftauchtest
kam mein Blut in Wallung
und mein Fell sträubte sich
vor Erregung

In unseren Vollmondnächten
brachen Liebe und Triebe
sich ihre Bahn

Nur schade
dass du so selten voll
und rund erstrahltest

So ziehe ich denn wieder
meinen Schafspelz über
und begebe mich
zurück unter die Herde

Das ist der Moment

Wenn die Dunkelheit
nicht nur um dich
sondern sogar
in dir wächst
Wenn der Nebel
der Verzweiflung
dich umhüllt
droht
dich zu ersticken...
dann bist du einsam
- ganz allein -
auf dich gestellt!

Das ist der Moment
da du ganz nackt
und schutzlos zitterst
Das ist der Moment
da du erkennst
nur du selbst
kannst das Licht entzünden
das dir den Weg...
aus deiner Dunkelheit erhellt.

Angst vor der Liebe

All mein Hass
mein Misstrauen
die Abgründe in mir
selbst die hohen Mauern
die ich um mich baute
konnten dich nicht hindern
in mein Herz zu dringen

Liebe
war bis ich dich traf
nur ein Wort
Mittel zum Zweck
nur Lüge

Geduldig warst du
immer für mich da
trotztest meinen Launen
meinen Zweifeln
meiner Angst vor Liebe

Durch deine
unerschütterliche Art
zu mir zu stehen
an mich zu glauben
beginne ich
dir zu vertrauen

Es gibt zu viele
die tragen Liebe
auf der Zunge
Bei dir kann ich sie
in deinen Augen
deinem Herzen
leuchten sehen

Noch habe ich Angst
vor meiner eigenen Liebe
mich auf dich einzulassen
dich gar zu verletzen

Gib mir einfach
etwas Zeit
vielleicht finde ich dann
den nötigen Mut...

Wieder aufstehen

Wie oft
musstest du als Kind fallen
um laufen zu lernen?
Wie oft hast du Liebe gesucht
nur um sie zu verlieren?

Nicht die Irrtümer
in der Liebe
die dich stürzen ließen
sind dein Übel
sondern
dass du dabei verlerntest
wieder aufzustehn!

Wer kann schon wissen?

Jede verlorene Liebe
ein innerer Tod
jede neue Liebe
eine Wiedergeburt

Wer kann schon wissen
wie oft man sterben muss
um die richtige Liebe
zu finden?

Manchmal...

Manchmal denke
manchmal träume ich

Manchmal hoffe
manchmal verzweifle ich

Manchmal weine
manchmal lache ich

Manchmal hasse
manchmal liebe ich

Manchmal...
lebe ich

Nur du

Es mag so erscheinen
als wäre ich herzlos
kenne keine Gefühle

Doch es ist nur
diese Eisschicht
die mich umschließt
die mich beschützt

Wollten all diese Menschen
in meiner Nähe mich berühren
sie würden erschrecken
über meine Kälte
sie würden an mir erfrieren

Kein Sonnenlicht
kein schönes Wort
und auch kein Lächeln
bringt mich zum tauen
kann und will schon lange
niemandem mehr trauen

Nur du
erstaunst mich
Nur du
gehst mir nahe
mit deiner Stimme
mit all deinen Gesten

Ein Blick
aus deinen Augen
und ich spüre
- Wärme -

Mein Eis...
es zerbricht...
ich beginne...
zu schmelzen!

Absturzgefahr

Wähnst du dich
vor lauter Glück
im Garten Eden
gib auf dich acht
ein Schritt zu viel
und du stürzt
in die dunkle Hölle
denn diese
liegt dicht daneben.

Lass uns Flügel wachsen

Die Liebe war uns zugeflogen
wie ein zarter Vogel
mit buntem glänzendem Gefieder

Er ließ sich bei uns nieder
und sang uns wunderschöne Lieder
von ewiger Liebe und Glückseligkeit

Doch irgendwann begann der Herbst
die ersten Blätter fielen
unser Vogel sang jetzt nur noch leise
kaum hörbar seine Melodien

Als nun der Winter nicht mehr fern
schwang unser Vogel seine Flügel
flog Richtung Süden
denn ohne Wärme kann er nicht sein

Jetzt sitzen wir frierend ohne ihn
vermissen seine bunten Farben
seinen fröhlichen Gesang
graue Kälte ist nun unser Gast

Komm lass uns Flügel wachsen
es dem Vogel gleich tun
und Richtung Sonne fliegen

Wir könnten es wenigstens versuchen
haben wir doch nichts mehr zu verlieren
Beim Fliegen abzustürzen ist besser
...als an unserer Kälte zu erfrieren!

Launenhafte Diva

Hast lang genug
auf Knien gelegen
gefleht
gebettelt
Liebe
diese launenhafte Diva
möge zu dir kommen

Endlich hat sie
dich erhört
liegt in deinen Armen
Du bist so glücklich
drückst sie an dich
willst sie ewig halten

Im nächsten Augenblick
macht sie sich
leicht und biegsam
wie eine Feder
entwindet sich
aus deinem Griff
um sogleich
hinweg zu schweben

Verlorene Liebe

Unsere Liebe ist nicht
plötzlich und unerwartet
über Nacht verstorben

Wir ließen sie nur
viel zu lange schlummern
bis sie ins Koma fiel

Sie hat es nicht verziehen
dass wir zu selbstverliebt
uns nicht um sie gekümmert

So wurden wir uns fremd
unbemerkt und stumm
die Liebe sich entfernte

Heute gehen wir getrennte Wege
in der Hoffnung erneut zu finden
was wir durch eigene Schuld verloren

Ohne dich

Mir ist kalt
mitten im Sommer

Die Sonne scheint
schenkt mir jedoch
keine Wärme

Ich vermisse dich
und deine Nähe

Wie soll erst
der Winter werden
ohne dich?

Dein Spiel?

Geh ich auf dich zu
weichst du mir aus
ziehst dich
von mir zurück

Wende ich mich ab
beachte dich nicht
suchst du wieder meine Nähe
lockst mich mit Koketterie

Ich kenne nicht das Ziel
bei deinem Spiel
nur eines ist gewiss
- meine Liebe -
erreichst du damit nicht!

Loslassen

Als ich dich losließ
entstand ein großer Riss
mitten durch mein Herz

Aber nur so
konnte ich mich selbst
zurück gewinnen

Hätte ich dich nicht
- aufgegeben -
hätte ich mich
aufgeben müssen

So bewahre ich mir
wenigstens die Chance
meine Träume zu retten

Nachtfaltergleich

Auf der Suche
nach Liebe
verhältst du dich
- Nachtfaltergleich -
wirst wie jene
magisch angezogen
vom verlockenden Schein

Selbst wenn deine Flügel
zu brennen beginnen
kann es dich
nicht hindern
immer wieder
von neuem zu wagen
ins Zentrum der Hitze
deinem einzigen Ziel
zu gelangen

Es ist
als wärst du
von Sinnen
nichts und niemand
kann dich bewahren
vor deinem blinden Eifer
außer dem Erlöschen
des Lichts...

oder du wirst selbst
am Ende als Opfergabe
...in ihm verglühen!

Glaube

Als ich
jung war
glaubte ich
an Gott
Träume
und die Liebe

Als ich
älter wurde
glaubte ich noch
an Träume
und die Liebe

Da ich nun
alt bin
glaube ich
nur noch
an den Tod

Dich vergessen...?

Dich sehen
auch wenn du nicht
bei mir bist

Dich hören
auch wenn du nicht
mit mir sprichst

Dich spüren
auch wenn ich dich nicht
berühren kann

Dich vergessen?
...kann ich nicht!

Bunte Bilder

Hab' mich heute gefunden
in einer alten Schachtel
gefüllt mit Erinnerungen
in schwarz-weiß

Werde mir gleich
einen Farbfilm besorgen...

Sollte ich in Zukunft
nach Erinnerungen suchen
will ich bunte Bilder
von mir finden

Der passende Rahmen

Du malst ein Bild von mir
presst es in einen Rahmen
bist glücklich mich so zu sehen
glaubst mich so zu kennen

Ich muss dich warnen
als Original
falle ich gerne aus dem Rahmen

Ohne -
fühle ich mich
einfach am wohlsten

Was zögerst Du?

Liebe ist wie ein Fluss
zieht als beständiger Strom
an uns vorüber
Du sitzt am Ufer
starrst sehnsüchtig hinein

Ist dir das Wasser zu kalt
die Wellen zu hoch?
Hast du Angst
zu schwimmen - zu lieben
es gar schon verlernt?

Was zögerst du?

Überwinde dich
spring einfach hinein
was kann schon passieren?
Entweder du lernst schwimmen
oder gehst in Liebe unter!

Liebesdienst

Ich sitze
neben dir am Bett
und halte deine Hand
streichle mit der anderen
zärtlich dein Gesicht

Du atmest schwer
du siehst mich nicht
doch ich bin hier
und steh' dir bei

Du schwitzt
bist unruhig
ich trockne dir
die feuchte Stirn

Jetzt atme ich wie du
mein Herz schlägt schneller
nur deins...
steht plötzlich still!!

Tränen rinnen über meine Wangen
zärtlich schließe ich deine Augen
Es liegt noch immer
deine Hand in meiner

... nun ist's
der letzte Händedruck
der letzte Liebesdienst
Ich lasse dich behutsam
...los!!

III. Wortwechsel

Blick in den Spiegel

Am Morgen
blickst du müde
in den Spiegel
Das Bild ist dir
so lange schon vertraut

Wendest träge deinen
Blick nach innen
siehst einen tiefen Abgrund
und erschrickst!
Was du dort siehst
lässt dich vor Angst
erschaudern
lässt dich taumeln...

Nach Schrecksekunden
und mit großen Augen
reißt du den Blick
zurück nach oben
um an die glatte Oberfläche
deines Spiegelbildes zu stoßen

Du bist noch einmal
vor dir selbst
entkommen...

Verpasst

Du
hast Angst vor dem Leben
Angst vor dem Tod

Du
verspürst Sehnsucht nach Liebe
diese besondere Sucht nach Leben

Wäre da nicht
diese Angst vor Nähe
Angst vor Gefühlen

Am Ende
wirst du des Lebens müde
wartest enttäuscht auf den Tod

Zaudernd und zögernd
verpasst du traurig...

dein eigenes Leben!

Vertrauen

Stell' dir vor
dein Herz
es wär' ein großes Haus

Nun öffne
alle Türen
alle Fenster weit

Gib' mir
und meiner Liebe
die Luft
die ich zum Leben brauch'

Hab' keine Angst
mir zu vertrauen
denn so bleib ich

auf ewig dir verbunden...

Hauptsache

Liebe

kann heftig
oder quälend

kann zärtlich
oder zerbrechlich

kann berauschend
oder verzweifelt

kann erfüllend
oder enttäuschend

kann alles
oder nichts sein

Hauptsache...

sie bleibt immer
sie selbst!

Liebe zeigen?

Wie soll man
Liebe definieren
wie sie in
Worte fassen
wenn allein schon
der Mut fehlt
sie einfach nur
zu zeigen?

Liebe macht blind?

Es heißt
Liebe macht blind!

Aber warum sehe ich
seit ich sie kenne
viele Dinge
die meinen Sinnen
bis dahin
verborgen blieben?

Falsche Liebe

Du musst nicht suchen
musst nicht hasten
um Liebe einzufangen
bleib' einfach stehen
gib' ihr die Zeit
zu dir zu kommen

Versuche nicht
vor ihr zu fliehen
sie war
sie ist schon
immer vor dir da

Und ist sie dann
bei dir zu Gast
sei gut zu ihr
verwöhne sie
sie wird es dir
ganz sicher danken

Versuche nie die Liebe
mit Tücke und Gewalt
bei dir zu halten
sonst wird sie dich
sogleich verlassen

Gib' ihr keine Schuld
schenkst du dein Herz
dem Falschen
der dich benutzt
dich nicht verdient
denn Liebe ist nicht falsch
es gibt nur falsche Menschen!

Angst vor Nähe

Obwohl du dich
nach Nähe sehnst
hast du
Angst vor ihr
hast Angst
dich zu verletzen

Sie lähmt dich
auf andere zuzugehn
du bewegst dich lieber
an der Oberfläche
Doch in deinem Innern
frisst die Angst
ganz langsam
deine Seele auf

Die an dir vorüber gehen
können es nicht sehen
Sind sie doch selbst
zu sehr beschäftigt
ihre eigenen Ängste
zu verstecken

Cool?

Du bist cool
so unnahbar
trägst deine Sonnenbrille
wie ein Schutzschild
selbst im Dunkeln

Hast du soviel
Angst
ich könnte
deine Unsicherheit
dahinter entdecken?

die young?

Las diesen Spruch
an einer Wand:
live fast - die young

Intensiv leben
wer möchte das nicht?

Habe nur noch
niemand getroffen
der gerne jung
gestorben wäre!

Der kluge Mensch sorgt vor

Du wägst
jeden deiner Schritte ab
bist stets
auf Sicherheit bedacht

Dein Lebensmotto:
Der Kluge Mensch sorgt vor
Nur keine falschen Schritte
nur kein Risiko wagen

Jedes Für und Wider
wird beständig
hin und her gewendet
bis es von ganz allein
verschwindet

Bist überzeugt
von Stolz erfüllt
den sichersten Pfad
durchs Leben zu beschreiten

So ziehst du
in deiner selbst
geschaffnen Einöde
munter deine Kreise

Übersiehst dabei
nur ein winziges Detail...

Das wahre Leben
zieht völlig unbemerkt...
an dir vorüber!

Fassaden

Lauf
durch die Straßen
unserer Stadt
Gestalten huschen
stumm und gehetzt
an mir vorüber

Ihre Gesichter
starr und grau
- maskengleich -

Würde gerne
den Putz von
ihren Fassaden
meißeln...

nur um zu sehen
ob sich dahinter
ein Mensch verbirgt!

Wer bin ich?

Ungebeten...
Ungefragt...
bleibe unsichtbar
bin immer bei dir
wie dein Schatten
nur brauch ich
kein Sonnenlicht.

Wenn du schläfst
schleich ich
in deine Träume
mal quäle ich dich
mal stehe ich dir bei

Ich flüstere dir zu
selbst mit verschlossenen Ohren
hörst du mich dennoch

Versuchst du auch
mich zu verdrängen
mich zu knebeln
vor mir zu fliehen
es wird dir nicht gelingen
ich hol dich immer
wieder ein

Ob du mich verfluchst
ob du mich liebst
bin immer Teil von dir
selbst noch als Krüppel
bleib ich doch immer
dein Gewissen!

Worte

Worte
deine Worte
meine Worte

ich versuche sie
zwischen den Zähnen
zu zerreiben

sie zu schlucken
oder wieder
auszuspucken

ich kann sie drehen
kann sie wenden
und werde sie nicht los

sie bleiben kleben
unter der Zunge
in meiner Kehle

setzen sich ins Hirn
drücken auf mein Herz

Worte
deine Worte
meine Worte

alles nur Worte...

Alles und Nichts

Ich habe dir
alles und nichts gesagt

Alles
was ich mit Worten
sagen kann
wurde gesagt

Nichts
da ich das Wesentliche
mit Worten allein
nicht sagen kann

Es bleibt verborgen
zwischen den Zeilen
schwebt unaussprechbar
zwischen uns beiden!

Liebe und Hoffnung

Liebe
Hoffnung
Liebe los
Hoffnung los
oder doch noch
lose Hoffnung
auf Liebe?

Die Liebe
loslassen
Sie kommen
und gehen
lassen
aber niemals
die Hoffnung
aufgeben

Gelassen
die Liebe
erwarten
aber nicht
einfach warten
sondern auch
auf sie zugehen

Liebe
nicht nur
nehmen
sondern auch
geben

damit Liebe
und Hoffnung
nicht nur
schöne Worte
bleiben
sondern ein Teil
werden
von Dir!

Schweigen

Es gibt Momente
im Leben
Gefühle
die so stark
da wäre jedes
gesprochene Wort
zu viel
da hilft nur
Schweigen
als einzig
ehrliche Sprache

Missverständnis?

Du redest auf mich ein
bittest mich
um unserer Liebe willen
lass dies und jenes sein

Verständnislos
schau ich dich an
Sprachlos
wendest du dich
von mir ab

Kompromisslos
löst sich die Liebe
auf in Luft
vor unseren Augen

Haben wir nur zu wenig
Verständnis füreinander?
Oder war unsere Liebe
schon immer nur
ein Missverständnis?

Offenes Buch

Du glaubst
mich gut zu kennen
kannst in mir lesen
wie in einem
offenem Buch

Du kennst
den Einband
kennst den Text
willst du mich
wirklich kennen

dann lerne besser
zwischen den Zeilen
zu lesen
dort steht
das Wesentliche

Möchte...

Möchte nicht lachen
wenn mir zum Weinen ist

Möchte nicht lügen
weil ihr die Wahrheit nicht ertragt

Möchte mich nicht verbiegen
um so zu sein wie ihr es wollt

Möchte nicht lieben
nach euren Vorstellungen

Möchte nicht so leben
wie es Euch gefällt

Möchte nur die Freiheit
Ich selbst zu sein!

Lieber...

Lieber vogelfrei
als gar nicht

Lieber unerfüllbare Gedanken
als selbst zensierte

Lieber in Träumen phantasieren
als resigniert ohne zu leben

Lieber eine unmögliche Liebe
als gar keine zu kennen

Lieber auf dich zugehen
als ewig auf dein Kommen hoffen

Leere

Nichts
fühlen

besser
die Leere
fühlen

noch besser wäre
die Leere
zu füllen.

Lernen...

Lernen
in deine Augen zu sehen

Lernen
die Sprache der Liebe zu verstehen

Lernen
deinen Worten zu vertrauen

Lernen
dich anzunehmen wie du bist

Lernen
geduldig zu sein mit dir
...mit mir selbst!

Behinderung

Nur wer fliegt
kann auch abstürzen
Hindert das einen Vogel
am fliegen?

Gebranntes Kind
scheut das Feuer
Ist Feuer daher schuld
wenn es nicht nur wärmt
sondern auch verbrennt?

Jeder Mensch
hat seinen Abgrund.
Lähmt es dich
wenn du hinab blickst?

Eingesperrt
in Vergangenheit
und Zukunftsangst
immer auf Sicherheit bedacht
hindern wir uns ständig selbst
am Leben...

Glaubensfragen

Sitzt der liebe Gott
auf einer Wolke
trägt er einen
weißen Bart?
Sieht er alles
oder ist er
einfach nur blind?

Haben Engel
außer Flügel
auch noch Beine?
Sind sie unsichtbar
ganz groß
oder doch eher klein?

War der Papst
auch mal ein Mann
oder war er
immer schon ein Greis?
Ist er unfehlbar
von allen Sünden frei?

Und was ist Sünde?
Etwa schon an dich
zu denken mit Erregung
oder erst
mit dir zu schlafen
nur aus Lustgewinn?

Es gäbe noch viele
- Glaubensfragen -
aber antworten
kann nur ich
mir ganz allein!

Erfahrung

Wer viel Erfahrung gesammelt
ist nicht unbedingt klüger
Er hat nur mehr Fehler
als andere gemacht

Um weise zu werden
benötigt man auch die Klugheit
seine Fehler als solche
zu erkennen

Ist es das?

Der Tod
lässt sich nicht überlisten
nicht besiegen
schon gar nicht töten
Er verspricht dir nichts
außer sich selbst!

Ist es das
was ihn für dich
so anziehend macht?
Oder ist es einfach nur
die Angst vorm Leben?

Hoffnung?

Die Hoffnung
stirbt als letztes!
Schöne Worte
klingt auch gut!

Doch woher soll
die Hoffnung kommen
wenn du dich nur
als das Letzte fühlst?

Verstehen?

Manchmal glaube ich
wir sprechen nicht
die gleiche Sprache

Ich finde nicht
die richtigen Worte
dich zu erreichen

Du redest auf mich ein
aber dennoch
beständig an mir vorbei

Nur im Schweigen
scheinen wir uns
perfekt zu verstehn!

Was ich will

Du musst mir nicht
den Himmel auf Erden versprechen
die Sterne vom Firmament pflücken

Ich will keine Fassade von dir
die nicht hält
was sie verspricht

Ich will deine Schwächen
deine Fehler kennen
will deine Nähe
will dich spüren

Ich will einfach
nur dich
wie du bist

Kind sein für einen Tag

Als Kind wollen wir
alles mögliche werden...
Eisenbahnschaffner, Arzt
oder gar Popstar

Kaum erwachsen
träumen wir davon
wie schön es wäre
nur für einen Tag
wieder Kind zu sein!

Zuneigung

Zuneigung
braucht keine Bühne
bedarf keiner
großen Gesten
um sich lautstark
zu verkünden

Zuneigung
wächst still und leise
meist genügt ihr schon
ein offenes Herz
und ein offenes Ohr

Woran sich festhalten?

Woran sich festhalten...
an der Zeit?
an der Vergangenheit?
an der Hoffnung?
an der Liebe?

oder aneinander

gegen die Zeit
gegen die Vergangenheit

für eine Hoffnung
auf Liebe

miteinander
gegen die Lieblosigkeit

in jedweder Zeit

Zu oft schon?

Habe mir oft schon
die Finger
die Seele
an den Flammen
der Liebe verbrannt

Zu oft schon?

Bin wohl immer
noch Kind
oder einfach nur
unheilbar krank
lockt mich doch
immer wieder
der schöne Schein!

Der Schmerz bleibt der alte

Neue Liebe
neues Glück
Nur...
der Schmerz
bleibt immer
der alte
wenn es
- zerbricht -

Enttäuschungen

Die größten
Enttäuschungen
bereiten wir uns
meist selbst

Jede Enttäuschung
bringt uns aber
einen Schritt näher
zu uns selbst

Gebranntes Kind

Gebranntes Kind
scheut Feuer

Feuer wird Asche
Asche wird kalt

Was bleibt... sind Narben
und schmerzhafte Erinnerung!

Was beweist mir das?

Wenn Du sagst
du brauchst mich
liebst mich
mehr als dein
eigenes Leben...

Was beweist mir das?

Nichts -
außer
dass du
noch nicht gelebt
oder nicht genug Liebe
für dich selbst übrig hast!

Liebe und Wissenschaft

Wissenschaftlich betrachtet
ist Liebe nicht mehr
als Biologie und Chemie
nichts weiter
als ein Fortpflanzungstrieb

Ich hab's versucht
meinem Herzen zu erklären
doch befürchte ich
es ist zu dumm
es zu verstehen

Altmodisch

Es ist modern
sich selbst
zu finden
sich selbst
zu verwirklichen

Ich glaube
ich bin furchtbar
- altmodisch -
Warum sonst
suche ich immer
nur dich?

IV. Tiefpunkte

Unnahbar

Bloß
keine Gefühle
nur
keine Blöße
geben

Unnahbar
jeder Nähe
ausweichen
keine Schwäche
zeigen

Sich härten
gegen
das Weiche

- unverwundbar -

nie wieder Liebe...
nie wieder Schmerzen...

bis selbst
dein Spiegelbild
erschrickt
...und zerbricht!

Verlorene Kindheit

Du liebst Sie
diese warme dunkle Geborgenheit
Doch dann wirst du hinausgepresst
ins helle kalte Licht der Welt
Du stößt ihn aus den ersten Schrei...
es soll nicht dein letzter sein

Deine Eltern lehren dir sehr schnell
was Leben heißt
sie schlagen - brüllen - treten auf dich ein
du denkst verstört
das soll wohl ihre Liebe sein

In der Nacht
siehst du die Sterne leuchten
du sprichst mit ihnen
bittest Sie
dich zu beschützen

Am Tage
schreist du mit deinen Augen
stumm um Hilfe
doch alle Menschen weichen dir nur aus
das muss wohl Nächstenliebe sein

In der Nacht
siehst du die Sterne leuchten
du sprichst mit ihnen
bittest Sie
dich zu beschützen

Du sucht den Schutz der Mutter Kirche
denn Gott liebt seine Kinder
sie lehrt dich
Gott straft alle Sünder
du musst wohl ein ganz Schlimmer sein

In der Nacht
siehst du die Sterne leuchten
du sprichst mit ihnen
bittest Sie
dich zu beschützen

Nach Jahren -
die Kindheit ist schon lange tot
Träume tief begraben -
steht Sie plötzlich da
die erste große Liebe

Doch du weißt nicht
wie du's ihr sagen sollst
die Angst vor Zärtlichkeit
schnürt dir die Kehle zu
sie kann es sehen
und geht vorüber

In der Nacht
siehst du die Sterne leuchten

jetzt wird dir endlich klar
sie sind deine Brüder
deine Schwestern
und wenn du gehst
dann nur zu ihnen
denn sie waren immer für dich da...

Das Kind in dir

Du musstest
viel zu früh
erwachsen werden
das Kind in dir
begraben und vergessen

Heute
vermisst du es
suchst es
verzweifelt wieder

Dabei wird dir
schmerzhaft klar
- es ist zu spät -
du kannst es
nie mehr finden

Schattenboxen

Ich möchte entfliehen
den Schatten aus Ängsten
den Schatten meiner Vergangenheit

Ich schlage - boxe
wie wild auf sie ein
doch sie werden täglich
immer größer...
oder bin ich so klein?

Vielleicht liebe ich deshalb
die Dunkelheit...
denn die Nacht
wirft keine Schatten
ich kann mich verstecken
und sei's nur
für ganz kurze Zeit

Nur schlafen
darf ich nicht
denn wenn ich träume
holen sie mich...
immer wieder ein!

For sisters in pain

Du sagst es geht dir gut
doch deine Augen sprechen Bände
sie sind so traurig
ohne Mut
Ich würd' sie gerne wärmen
deine Hände
doch Berührungen tun dir nicht gut

Was hat er dir nur angetan
in seiner bösen Lust
hat grausam deinen Körper geschunden
die zarte Seele dir beschmutzt
Ist wie ein böser Fluch
zu dir gekommen
hat dich in Besitz genommen

Kann die Seelenqual nur ahnen
es bricht das Herz mir fast entzwei
seh' ich dich so verzweifeln
möcht' ehrlich dir versichern
in deiner Wut und Trauer
bist du nicht ganz allein
will hoffen
die Zeit heilt deine Wunden

Ich werde in Gedanken
immer bei dir sein

Schutz?

Eingesperrt
im eigenen Käfig
aus Vernunft und Verstand
lege ich mir selbst
Handschellen gegen Gefühle an

Manchmal
wenn die Fesseln
wieder schmerzen
stell ich mir die Frage:

Schützen sie mich
oder schütze ich andere
vor mir selbst?

Der Alb

Der Alb
war wieder mal heut' Nacht
mein ungeladener Gast

Bin schweißnass
durch ihn aufgewacht
Spürte noch schmerzhaft
wie er mich
in seinen Krallen hielt
wie er mich lustvoll quälte

Den stummen Schrei
noch auf den Lippen
suchte mein Geist verwirrt
den Fluchtweg aus dem Traum
zurück zur Wirklichkeit

Krampfhaft
hielt ich mich
an deinem Körper fest
Dein sanftes Streicheln
die liebevollen Küsse
waren mir dabei
wie eine Brücke

Es half mir
mich wachzurütteln
den Alb nun endlich
abzuschütteln

Hab' durch deine Hilfe
ihn vertrieben
diese eine Schlacht
für mich entschieden

Doch weiß ich
in einer anderen Nacht
wird er erneut es wagen...
mit seinen scharfen Zähnen
an meinem Traum zu nagen
um sich an meiner Angst zu laben!

Erfroren

Du bist fort
zu einem anderen
Die Heizung dröhnt
und trotzdem friere ich

Du sagtest:
Er ist dein Alltag
dein Leben
ich bin dein
großer Traum

Warum
lässt man immer zuerst
seine Träume
erfrieren?

Eiszeit

Still und starr
ruht der See
deiner Gefühle

Ob jemals wieder
einer wagt
dein Eis zu betreten

...um darin einzubrechen

Gefangen!

Da häng' ich nun
im Spinnennetz
meiner Gefühle
klebe an Erinnerungen
Ausgesaugt
ohne Hoffnung
eingewickelt
im Faden meiner Liebe
während Du schon
neue Nahrung saugst

Brandmale

Du hast dich
eingebrannt
in meine Haut
meine Gefühle
versengt

Den Brandgeruch
deiner Liebe
werd' ich
nie wieder los!

Nichts bringt dich zurück

Ich sitz' am Küchentisch
in meiner Hand ein Stück Papier
dein letzter Abschiedsgruß

Ich lese immer wieder
die gleichen Zeilen
versuch' sie zu begreifen

Du bist fort zu einem and'ren
die letzte Zeit mit mir
war dir mehr Last als Lust

Mein Herz schlägt wild
in meiner Brust
mein Blut beginnt zu kochen

Würd' am liebsten die Tapeten
von den Wänden reißen
kann es noch immer nicht begreifen

Muss einen kühlen Kopf bewahren
will nicht mein Gesicht verlieren
und spür doch schon wie es zerfließt

Die Augen schwimmen jetzt in Tränen
weiß nicht vor Trauer
oder unbändiger Wut

Enttäuschung umklammert mich
mein Herz es sticht
begreife jetzt nur eines

...keine Trauer - keine Wut
kein Heulen und kein Jammern
nichts bringt dich mir zurück

Bruchlandung

Du hast
meinem Herzen
die Flügel gebrochen
und auf den Boden
der Tatsachen geworfen

Für immer vorbei...

Nach deinem Verschwinden
war mein Herz
öde und leer...
Habe meinen Verstand
für dich verloren
alle Lust am Leben
alle Hoffnung...
Habe gekämpft
mit mir
Tag und Nacht...
Bin im Strudel
dunkler Gefühle
versunken
aus der Hölle
wieder aufgetaucht...

Vorbei
die Zeit
des Jammerns und des Klagens
die Tränen sind getrocknet...
Mein Herz
jetzt ohne Blut
ohne Liebesglut
nur hart wie Stein...
Lass' nun andere
für dich büßen
wiederhol' den
finsteren Schwur...
Lass' nie wieder
jemand in mein Herz
hinein...

Alles aus
und für immer
vorbei...

Häutungsversuche

Jeden Tag aufs neue
wie eine Schlange
ihre Haut
alte Gefühle ablegen
neue überstreifen
Warum will mir dies
trotz heftigster Versuche
einfach nicht gelingen

Verlockungen

Deine Worte
verführerisch wie Sirenengesang
umschmeichelten meine Ohren
vernebelten mir den Verstand

Deine Verlockungen von ewiger Liebe
wie sehr du nur mich begehrst
fielen in mein dürstendes Herz
wie Regen nach langer Dürre

Nach einer wollüstigen Nacht
voller Hingabe
hast du mir lächelnd gesagt
Lebe wohl - ade!

Was ist schon dabei?
Schließlich ist es ein Spiel
Du bekamst was du wolltest
doch jetzt ist es vorbei

Ich träumte noch
vom Beginn unserer Zukunft
Für dich war mit dieser Nacht
dein Ziel schon erreicht!

Verjährt

Ihre Liebe
ist lange schon verjährt
abgesessen in Doppelhaft
Sprachlosigkeit ihr steter Gast

Die Türe
ihrer verhassten Ehezelle
zu durchschreiten
stünde ihnen jederzeit offen

Doch beiden
fehlt der nötige Mut
den ersten Schritt
über die Schwelle zu wagen

So belauern sie
mit misstrauischen Augen
jeder des anderen Schritte
bis ans Ende ihrer Tage

Game over

Ich habe lange gezögert
lange gebraucht
dir Liebe zu schenken
blind zu vertrauen

Aber für dich
war alles nur Spiel
mein Herz
nur scheinbar dein Ziel

Du wolltest nie Liebe!
Deine schönen Worte
alle geheuchelt
Ich war nie mehr
als zu jagende Beute

In jener Minute
als mein Herz
dir in Händen lag
war dein großer Tag

war für dich...

- Game Over -
aus und vorbei!

...ohne Rücksicht
ob mein Herz zerbricht
...ohne Rücksicht
ob mein Traum erlischt

Doch eines Tages wirst
auch du einmal lieben
auch du einmal vertrauen
wirst dann nur benutzt
dein Herz dir gebrochen...

- Game Over -
aus und vorbei!

... selbst Reue
... kann dich dann
nicht mehr retten!

Das Schlimmste dabei...

Nacht
Dunkle - kalte Nacht...
Ich sitze auf dem Friedhof
meiner Gefühle
nage wie ein Zombie
die letzten Reste
vom Skelett unserer Liebe...

Mir wird übel
vor mir selbst
denk' ich
an deine Liebesschwüre...

Ich Narr
habe dir geglaubt
nur allzu gerne
blind vertraut...

Nachdem du
alles von mir wusstest
alles von mir bekamst
hattest du genug von mir
mich kalt lächelnd
einfach abserviert...

Ich denke gerade an dich
nicht voller Zuneigung
sondern voller Wut
verfluche dich
und deine Liebe...

Das Schlimmste dabei
du hast nicht nur
mein Herz gestohlen
sondern auch die Achtung
vor mir selbst...

Dank deiner Liebe
beginne ich nun
mich selbst zu hassen...

Delirium

Ich war
trunken von dir
und deiner Liebe

Seitdem du mich
auf Entzug setztest
lebe ich nur noch

...wie im Delirium

Warum?

Ich laufe ziellos
durch den Wald
Du bist für immer fort
an einem fremden Ort
Keine Schmerzen
kein Leid
kann dich jetzt erreichen.
Ich bin wütend...
Wütend auf dich
wütend auf mich

Warum...?

War meine Liebe zu schwach
dich zu halten ?
Immer diese Zweifel
und keine Antworten
Konntest du nicht auf mich warten ?
War ich nicht Grund genug
noch hier zu bleiben ?

Ich rufe dich...
doch als Antwort
hallt nur das Echo
deinen Namen...
Ich ritze ihn
in mein Herz
in einen Baum
als Beweis
dass du einmal warst...
noch immer
bei mir bist

Was mir noch bleibt
ist Tag und Nacht
die immer gleiche Frage...

Warum...?

Warten auf...

Die Seele zerfetzt und verstümmelt
Träume...in blutroten Farben

Der Körper gequält und geschunden
Gedanken...ein brennender Kreis

Leben in Ohnmacht
ohne Hoffnung...am Abgrund

Warten auf ein Zeichen...von dir!
Warten auf ein Wunder...von irgendwoher!

Könnte Liebe die Rettung sein?

Stumme Trauer

Trauer
zerfetzt meine Brust
möchte klagen
möchte weinen...
die Quelle
ist nicht versiegt
sie liegt nur viel zu tief...

Hab' keine Kraft
damit Tränen
in die Augen schießen...
Die Kehle
bleibt wie zugeschnürt
kein Laut
dringt mehr nach außen...

Kann die Trauer
am ganzen Körper spüren
sie raubt mir den Schlaf
quält meinen Verstand
lässt ihn wanken...

Ohne Sprache
ohne Tränen
tief begraben
bleibt meine Trauer
unsichtbar und stumm...

Gerissen...

Ich war und bin
ein Teil von dir
genährt und großgezogen
durch deine feste Hand

Mit den Jahren verband uns
nicht mehr viel
Wir lebten beide
unser eigenes Leben

Trotz Missverständnissen
existierte immer
eine unsichtbare Nabelschnur
...diese ist nun gerissen

Der Tod hat sich
in dein Herz geschlichen
dir das Leben geraubt
und mir die Mutter!

Kein Wunder

Auch nach Tagen
noch kein Wunder

Dein Grab blieb
-unberührt-

Keine Zeichen
keine Auferstehung

Was bleibt?

Alte Bilder
Wunschgedanken

...ein Stein
...dein Name
- goldgefasst -

und der Geschmack
von Asche...
in meinem Mund!

Nur ohne Dich

Strahlend blauer Himmel
betretene Mienen
tränenfeuchte Augen
deine Urne sinkt langsam
in die Dunkelheit hinab

Bis zu diesem unwirklichen Moment
glaubte ich in meiner Trauer
der Himmel müsse weinen
die Welt im Stillstand verharren
und sei's nur für Sekunden...

Doch die Sonne lacht
die Erde dreht sich weiter
- nur ohne dich -
Du ruhst nun für immer
in deinem Grab

Du atmest

Bleich
starr
regungslos

Da liegst
nicht du
nur deine
leblose Hülle

Du atmest
- lebst -
noch immer

in Gedanken
in meiner
Erinnerung!

Der Autor:

Leander Suckfüll, Jahrgang 1962, lebt und arbeitet seit 18 Jahren in einem Vorort von Heidelberg. Vor 10 Jahren begann er lyrische Gedichte und Gedanken zu schreiben, die er vorzugsweise in freiem Rhytmus schwingen lässt.

Zu diesem Buch:

Hauptthemen seiner Gedichte sind Zwischenmenschliches, wie Sehnsucht, Liebe - deren Verlust, Ängste, Tod und Trauer. Aber auch die Erotik und kritische Sinnfragen kommen nicht zu kurz.
Für den Autor ist die Liebe wie ein Fluß, in dem man schwimmen lernt - oder in Liebe untergeht. Angst vor dem Verletztwerden, vor Verlusten lässt so manchen in tiefe Abgründe stürzen oder hohe Mauern um sich herum errichten. Wahre Liebe jedoch vermag diese Mauern und Misstrauen zu überwinden.

Internetadresse: http://gedankenlos.is4u.de